JESÚS FERNÁNDEZ
Universidad de Madrid

RAFAEL FENTE
Universidad de Granada

JOSÉ SILES
Universidad de Madrid

Curso intensivo de español

D0898569

(EDICIÓN RENOVADA)

EJERCICIOS PRÁCTICOS

NIVELES ELEMENTAL E INTERMEDIO

CLAVE
y guía didáctica

SOCIEDAD GENERAL ESPAÑOLA DE LIBRERÍA, S. A.

Primera edición, 1990 (edición renovada)
Segunda edición, 1991
Tercera edición, 1992
Cuarta edición, 1993

Produce: SGEL-Educación
            Marqués de Valdeiglesias, 5 - 28004 MADRID

ISBN: 84-7143-416-4
Depósito Legal: M. 111-1993
Impreso en España - Printed in Spain

Cubierta: Erika Hernández

Compone e imprime: NUEVA IMPRENTA, S. A.
Encuaderna: E. EUROPA

contenido

El libro, en su nueva versión, consta de 56 unidades didácticas divididas en dos ciclos: al primero corresponden las primeras 33 unidades y al segundo las 23 restantes. Al principio y al final, respectivamente, figuran dos índices muy pormenorizados: el primero se denomina **Índice por unidades didácticas,** y el segundo, **Índice alfabético de conceptos.** El objetivo principal de ambos es facilitar la labor del profesor al máximo.

Cada unidad va estructurada de la siguiente manera: los primeros ejercicios constituyen la espina dorsal de la unidad y se centran, en su inmensa mayoría, en problemas morfológicos y sintácticos del verbo. Estos problemas son de dos clases: por una parte, constituyen un recordatorio de lo ya presentado en el nivel de *iniciación,* y por otra parte, suponen un paso más avanzado dentro de la lógica secuencialización de un curso estructurado en tres niveles. Acompañando a estos primeros ejercicios nucleares se incluyen otros que procuran cubrir sistemáticamente otros campos de la gramática castellana. Cada unidad se concluye con uno o dos ejercicios de léxico seleccionados por campos semánticos de mayor frecuencia de uso o por razones de creatividad y uso actual del idioma.

Al igual que en los otros dos libros de la serie, hay que destacar que la *variedad* es un elemento fundamental en la concepción y desarrollo del libro. Tanto estudiantes como profesores podrán observar y experimentar esta idea clave abriendo al azar el libro por cualquier unidad, tanto del primero como del segundo ciclo. También hay que destacar el concienzudo esfuerzo realizado por dar *diversidad* a los ejercicios, de modo que un mismo problema es presentado con distintos procedimientos metodológicos para prestar amenidad al aprendizaje de la lengua española.

En este segundo libro de la serie se abordan ya decididamente todos los problemas sintácticos pertenecientes al campo de la oración compuesta, tales como el subjuntivo, tiempos compuestos, pronombres relativos, conjunciones y partículas de enlace, etc. Se ha tratado, pues, de ir completando el cuadro de complejidades de una gramática viva, aunque todavía a un nivel conscientemente limitado a las estructuras básicas de nuestra lengua. A este respecto es impor-

3

tante recalcar el elevado número de unidades que tienen como tema central el estudio y práctica del subjuntivo, donde se presentan los cuatro grandes apartados del uso de este modo en detalle y, posteriormente, se estudian minuciosamente las alternancias e incompatibilidades de este modo con el indicativo, problema éste de permanente interés y dificultad para los estudiantes extranjeros.

Se puede afirmar, finalmente, que el principio guía que ha dirigido toda la serie, y naturalmente también este libro, es facilitar la enseñanza y aprendizaje de la teoría gramatical mediante la presentación graduada de una profusión de ejercicios que den pautas y claves precisas para preparar la teoría correspondiente. Nadie duda hoy de que la teoría es importante, pero sólo cuando ésta tiene relevancia para el que aprende, para el que enseña y para un tratamiento más eficaz del proceso pedagógico del docente y del discente. El proceso aquí seguido pretende obligar al profesor a centrarse en las explicaciones verdaderamente relevantes para el aspecto más vivo y actual de nuestra lengua y pretende igualmente dirigir al estudiante extranjero hacia el lado práctico y comunicativo del idioma.

OBJETIVOS

Del anterior apartado se deduce lo siguiente:

a) El libro va dirigido expresamente a alumnos extranjeros que posean unos conocimientos básicos de la lengua española (haber seguido algún curso regular de un año de duración o algún curso intensivo de los que proliferan hoy día).

b) Se pretende que, al finalizar las 56 unidades del libro, el estudiante haya adquirido un conocimiento práctico de toda la gama de estructuras *básicas* de nuestro idioma y, consiguientemente, haya aclarado todas sus dudas sobre la utilización de dichas estructuras en la vida cotidiana a ese mismo nivel básico.

c) Que el estudiante disponga de un vocabulario activo de unas 2.000 palabras.

d) Que la práctica de estos ejercicios, con las explicaciones teóricas pertinentes, permitan al alumno ampliar sus conocimientos enlazando con el libro tercero de la serie **Curso intensivo de español.**

SUGERENCIAS PARA LA UTILIZACIÓN DEL LIBRO

Es importante señalar que la estructura del libro, teniendo en cuenta lo ya iniciado en el libro anterior de la serie, permite su utilización de dos maneras distintas:

a) Como un método

El profesor puede seguir cada una de las unidades en su secuencia lineal, con la seguridad de que irá cubriendo sin lagunas todos los problemas morfosintácticos del español en los niveles correspondientes. Es más, ateniéndose a la pauta marcada·por los *epígrafes* de los ejercicios, al profesor le bastará con una breve y concisa explicación teórica previa a cada problema presentado. En realidad, la serie completa de los epígrafes contenidos en el libro constituye un *syllabus* muy explícito de problemas de la lengua española que se presentan en este nivel. En el apartado siguiente, donde se explica el manejo de los índices, se verá con mayor claridad la importancia de este aspecto del libro.

b) Como un libro de ejercicios

El profesor puede utilizar el libro de tres modos distintos:

1. Como *práctica* y *complemento* de aspectos teóricos ya explicados en clase, y, por tanto, compatible con cualquier método que se esté utilizando con los alumnos.
2. Para *profundizar* en cada uno de los temas que se estime oportuno.
3. Para *corregir* defectos y vicios acumulados por el alumno en sus experiencias previas en el aprendizaje del idioma español.

En estos tres supuestos es evidente que hay que hacer un uso selectivo de las unidades y ejercicios contenidos en el libro. Para realizar esta labor, se le proporciona al profesor un instrumento de gran valor: un **Índice alfabético de conceptos.**

FUNCIÓN DE LOS ÍNDICES

Como ya se ha dicho, el libro va precedido de dos índices:

a) Índice por unidades didácticas

Está dividido en dos ciclos; el primero refleja fundamentalmente problemas morfológicos de repaso, salvo elementos de nueva presentación, e inicia los sintácticos; el segundo repasa sucintamente los problemas del ciclo anterior e introduce con plenitud en la problemática de la sintaxis española. Este índice llega a tal grado de pormenorización y exhaustividad que ocupa dieciocho páginas. Aquí el profesor verá reflejado de forma clara y sistemática el principio teórico subyacente en el **Curso intensivo de español** a este nivel. Constituye, por consiguiente, la guía que el profesor necesita para preparar las explicaciones previas a la práctica de los ejercicios.

b) Índice alfabético de conceptos

Este segundo índice incluye en orden alfabético tanto los aspectos gramaticales como los léxicos que se presentan en las distintas unidades del libro. Consta de unas entradas principales que o bien se refieren a problemas generales de gramática o a conceptos específicos de léxico y de contrastes lexicográficos (en este segundo caso las entradas aparecen en letras mayúsculas). El objetivo principal de este índice es permitir la localización de un tema determinado con la mayor precisión y ahorro de tiempo posibles y, al mismo tiempo, servir de instrumento de referencia para la utilización del libro como *un método,* según se expone en el apartado anterior.

Algunas sugerencias sobre cómo realizar los ejercicios

Sin ánimo de condicionar el buen criterio de cada profesor, nos permitimos, por último, dar algunas orientaciones didácticas basadas en nuestra doble experiencia de autores y profesores.

Los ejercicios pueden hacerse de distintas maneras. He aquí algunas:

a) Que los alumnos den por escrito las soluciones (para ello pueden utilizar las páginas de *apuntes de clase* al final de cada unidad) y las lean individualmente en la clase, con lo cual se practica también la fonética y la entonación.

b) En el caso de clases muy numerosas, el profesor puede encargar los ejercicios que desee para realizar en casa y, posteriormente en clase, dar y explicar las soluciones de manera colectiva.

c) El profesor puede siempre ampliar los límites de cualquier ejercicio y profundizar en el estudio y tratamiento del problema específico según sea el nivel y motivación de sus alumnos.

d) Algunos ejercicios, en especial los señalados en la clave como *para comentar en clase,* ofrecen unas posibilidades óptimas de participación oral y activa de los alumnos, con todas las ventajas prácticas que ello lleva implícito.

Majadahonda (Madrid), enero de 1992.

clave
de ejercicios

PRIMER CICLO

UNIDAD 1

1. 1.—son. 2.—es. 3.—es. 4.—eres. 5.—son. 6.—somos. 7.—es. 8.—sois.

2. 1.—son. 2.—es. 3.—es. 4.—son, son. 5.—son. 6.—es. 7.—sois. 8.—es.

3. 1.—están. 2.—está. 3.—estás, estoy. 4.—está. 5.—está. 6.—está. 7.—estamos.

4. el café; el sofá; el hombre; la mano; el autor; la ciudad; la mujer; los días; el jardín; las naranjas; los problemas; las bicicletas; la salud; la (las) tesis; el animal; el colegio; las gafas; los sistemas.

5. a-brir; muy; vi-no; ga-ra-je; fi-no; é-xi-to; sal-sa; ho-la; ca-za; pan; bo-de-ga; or-de-na-dor. (Para deletrear, consúltese un abecedario).

6. 1.—blanca. 2.—azul. 3.—roja. 4.—verde. 5.—negros. 6.—amarillas. 7.—grises (blancas).

UNIDAD 2

7. 1.—es. 2.—es. 3.—es. 4.—es. 5.—es. 6.—somos.

8. 1.—soy. 2.—están. 3.—son. 4.—está. 5.—eres. 6.—está. 7.—es. 8.—estoy. 9.—somos. 10.—están. 11.—sois. 12.—son. 13.—estáis. 14.—está. 15.—estás.

9. 1.—estamos. 2.—es. 3.—es. 4.—está. 5.—sois. 6.—está. 7.—es. 8.—eres. 9.—estoy. 10.—sois.

10. 1.—al. 2.—del. 3.—al. 4.—del. 5.—del. 6.—al. 7.—del. 8.—al, del. 9.—del. 10.—del.

11. médico; lección; sofá; botón; pájaro; jardín; Pérez; papá; lápiz; árbol; después; detrás.

12. 1.—volcán. 2.—ciudad. 3.—río. 4.—país. 5.—un monte/una montaña. 6.—océano. 7.—mar. 8.—isla. 9.—lago.

UNIDAD 3

13. 1.—soy ... 2.—estoy ... 3.—está ... 4.—es ... 5.—es ... 6.—somos ... 7.—estamos ... 8.—está ... 9.—es ... 10.—estamos ...

14. 1.—es. 2.—es. 3.—está. 4.—es. 5.—es. 6.—está. 7.—es. 8.—está. 9.—estoy. 10.—es.

15. Tú eras; Usted (él, ella) era; Nosotros-as éramos; Vosotros-as erais; Ustedes (ellos, ellas) eran. Tú estabas; Usted (él, ella) estaba; Nosotros-as estábamos; Vosotros-as estabais; Ustedes (ellos, ellas) estaban.

16. Tú fuiste; Usted (él, ella) fue; Nosotros-as fuimos; Vosotros-as fuisteis; Ustedes (ellos, ellas) fueron. Tú estuviste; Usted (él, ella) estuvo; Nosotros-as estuvimos; Vosotros-as estuvisteis; Ustedes (ellos, ellas) estuvieron.

17. 1.—de. 2.—a. 3.—a. 4.—de. 5.—a, de.

18. mujer, reina, princesa, duquesa, madre, actriz, madrina, yegua, vaca, hembra.

19. 1.—lunes, martes, miércoles, jueves, viernes, sábado y domingo. 2.—en primavera. 3.—en verano. 4.—en invierno. 5.—en otoño. 6.—febrero. 7.—_____ 8.—diciembre. 9.—junio, julio, agosto y septiembre.

UNIDAD 4

20. 1.—está. 2.—estoy. 3.—era. 4.—estoy. 5.—está. 6.—es. 7.—es. 8.—está. 9.—es. 10.—son.

21. 1.—hay. 2.—hay. 3.—están. 4.—hay. 5.—hay. 6.—está. 7.—hay. 8.—está. 9.—hay. 10.—hay.

22. 1.—la. 2.—el, las. 3.—el. 4.—las. 5.—la. 6.—las. 7.—la. 8.—las, los, el. 9.—los. 10.—la.

23. Ejercicio para comentar en clase.

24. 1.ª persona singular: 1.—mi. 2.—mis. 3.—mi. 4.—mis. 2.ª persona singular: 1.—tu. 2.—tus. 3.—tu. 4.—tus. 3.ª persona singular: 1.—su. 2.—su. 3.—sus. 4.—sus. 1.ª persona plural: 1.—nuestras. 2.—nuestro. 3.—nuestros. 4.—nuestra. 2.ª persona plural: 1.—vuestros. 2.—vuestra. 3.—vuestras. 4.—vuestro. 3.ª persona plural: 1.—su. 2.—su. 3.—sus. 4.—sus. Usted, ustedes: 1.—su. 2.—sus. 3.—su. 4.—sus.

25. 1.—con los ojos. 2.—con los oídos. 3.—con la boca. 4.—con la nariz. 5.—con las manos. 6.—con las piernas (los pies). 7.—con los dientes (las muelas). 8.—la lengua. 9.—con los dedos de las manos. 10.—con los pies.

UNIDAD 5

26. 1.—bebo. 2.—aprendemos. 3.—habláis. 4.—escribe. 5.—viven. 6.—entra. 7.—como. 8.—abres. 9.—estudian. 10.—llama.

27. habla-n; responde-n; vive-n; estudia-n; abre-n; pregunta-n; escribe-n; enseña-n; come-n; llama-n.

28. 1.—canto ... 2.—miramos ... 3.—espero ... 4.—vivimos ... 5.—compran ... 6.—trabajamos ... 7.—él (ella, etc.) limpia ... 8.—viajo ... 9.—cenan ... 10.—leo ...

29. bueyes; marroquíes; cafés; gases; cruces; rubíes; paraguas; viernes; andaluces; relojes; órdenes; dramas; leyes; lunes; libertades; martes.

30. 1.—de. 2.—en. 3.—de. 4.—en. 5.—de. 6.—en. 7.—de. 8.—de.

31. 1.—en marzo o abril. 2.—en julio, agosto y septiembre. 3.—en diciembre y enero. 4.—en España empiezan en octubre y terminan en junio. 5.—marzo. 6.—noviembre.

UNIDAD 6

32. 1.—espera ... 2.—andan ... 3.—habla ... 4.—veis ... 5.—lavamos ... 6.—educan ... 7.—enseña ... 8.—pregunta ... 9.—respondes ... 10.—subís ...

33. 1.—no trabajas. 2.—no toco. 3.—no contestáis. 4.—no pagan. 5.—no desayunamos. 6.—no bajan. 7.—no sufren. 8.—no rompo. 9.—no limpio.

34. ¿A qué hora llega Luisa?; ¿A qué hora estudia Luisa?; ¿A qué hora se levanta Luisa?; ¿A qué hora come Luisa?; ¿A qué hora lee Luisa?; ¿A qué hora desayuna Luisa?

35. Ejercicio para comentar en clase.

36. uno; diez; trece; diecisiete; cinco; veintitrés; setenta y uno; ocho; cincuenta y cinco; catorce; treinta y nueve; siete; ciento uno; cuarenta y seis; sesenta; ochenta y dos; noventa y ocho; seis; once; doscientos trece; quinientos; setecientos setenta; novecientos veinticinco; seiscientos setenta y seis; cuarenta y ocho; ciento siete; mil veinticinco; seis mil ochocientos diez; cinco mil quinientos cincuenta y cinco; tres mil cuatrocientos cinco; dos mil uno.

37. Faltar a clase=no asistir a clase. Darse cuenta de algo=notar o percatarse de algo. Tomar el pelo a alguien=burlarse de alguien. Meter la pata=cometer un error, una inconveniencia en una situación determinada. Ir de juerga=salir a divertirse. Ídem.

38. 1.—pera. 2.—manzana. 3.—naranja. 4.—cereza. 5.—limón. 6.—ciruela. 7.—uva. 8.—higo.

UNIDAD 7

39. 1.—pierden. 2.—miente. 3.—cojo. 4.—sirven. 5.—sigues. 6.—construyen.

40. 1.—comienzan. 2.—entendemos. 3.—cuento. 4.—encontráis. 5.—piensa. 6.—entiende. 7.—encuentro. 8.—mueve. 9.—cierran. 10.—cuesta.

41. 1.—prueba. 2.—siento. 3.—suelen. 4.—dormimos. 5.—juega. 6.—mientes. 7.—duerme. 8.—muere. 9.—conozco.

42. el clima; el idioma; la acción; el telegrama; la amistad; el tema; la cigüeña; la nieve; el drama; las legumbres; el poder; el sistema; el día; el mapa; el planeta; el programa; el poema; el problema.

43. 1.—A nosotros no nos gustó, pero a ellos sí les gustó. 2.—A mí no me gustó, pero a ustedes sí les gustó. 3.—A ellos no les gustó, pero a nosotros sí nos gustó. 4.—A ella no le gustó, pero a ti sí te gustó. 5.—A nosotros no nos gustó, pero a él sí le gustó. 6.—A ellas no les gustó, pero a mí sí me gustó. 7.—A mí no me gustaron, pero a ustedes sí les gustaron. 8.—A nosotros no nos gustaron, pero a ellos sí les gustaron. 9.—A nosotros no nos gustaron, pero a ti sí te gustaron.

44. 1.—fea. 2.—ancha. 3.—alegre (contenta). 4.—larga. 5.—negra. 6.—viejo. 7.—aburrida. 8.—sucia. 9.—grandes. 10.—bajo.

UNIDAD 8

45. 1.—cojo. 2.—elijo. 3.—parezco. 4.—devuelve. 5.—escojo. 6.—sueñas. 7.—demuestra. 8.—despiertan. 9.—empieza. 10.—recojo.

46. 1.—obedezco. 2.—conduzco. 3.—agradezco. 4.—traduzco. 5.—pide. 6.—huyen. 7.—sigo. 8.—construye. 9.—repite. 10.—mide.

47. 1.—voy. 2.—cocina. 3.—vienen. 4.—saludamos. 5.—hago. 6.—corta. 7.—pongo. 8.—saca. 9.—viene. 10.—vas.

48. 1.—Son las siete y cuarto de la tarde. 2.—Eran las siete menos veinticinco de la mañana. 3.—Son las ocho y media de la mañana. 4.—El tren sale a las dieciocho cuarenta (siete menos veinte de la tarde). 5.—El avión llegó a las doce de la noche. 6.—La clase empieza a las seis menos cuarto de la tarde. 7.—Salí del cine a las siete y veinticinco. 8.—Ayer vi a tu hermano a la una y media en el centro. 9.—Las tiendas cierran a las ocho de la tarde. 10.—Los museos abren a las nueve de la mañana.

49. 1.—No, no las saqué/Sí, las saqué. 2.—No, no lo he terminado/Sí, lo he terminado. 3.—No, no voy a limpiarlo (no lo voy a limpiar)/Sí, voy a limpiarlo (lo voy a limpiar). 4.—No, no los han fregado/Sí, los han fregado. 5.—No, no la he probado/Sí, la he probado. 6.—No, no lo voy a fumar (no voy a fumarlo)/Sí, lo voy a fumar (voy a fumarlo). 7.—No, no las he cerrado/Sí, las he cerrado. 8.—No, no las he mandado/Sí, las he mandado. 9.—No, no la hay/Sí, la hay.

50. 1.—kilo. 2.—litros. 3.—metros. 4.—gramos. 5.—kilos. 6.—medio kilo. 7.—toneladas. 8.—kilómetros. 9.—docena. 10.—medio litro.

UNIDAD 9

51. 1.—he. 2.—hemos. 3.—habéis. 4.—has. 5.—ha. 6.—ha. 7.—han. 8.—han. 9.—habéis. 10.—ha.

52. Ejercicio para comentar en clase.

53. 1.—Dicen que las mujeres suecas son muy guapas. 2.—Los caballos de mis tíos eran muy rápidos. 3.—Los sábados no trabajamos. 4.—Estos chicos parecen inteligentes. 5.—En esos balcones hay muchas flores. 6.—Llevamos unos papeles en las carteras.

54. 1.—Me canso mucho. 2.—Tú te pones los guantes. 3.—Ella te lo dará. 4.—Usted no me ayuda. 5.—Él te regaló ese jarrón. 6.—Él se viste rápidamente. 7.—¿Se ha lavado usted? 8.—No me gusta el marisco. 9.—Ella se ha mudado de casa. 10.—Tú no me invitas nunca.

55. 1.—Me lo trajo. 2.—Te lo traje. 3.—Se lo han traído. 4.—Se lo traerán. 5.—Se lo trajeron. 6.—Nos lo traen. 7.—Os lo traen. 8.—Se lo trajeron. 9.—Se lo traían. 10.—Se lo traen.

56. 1.—abuelos. 2.—tíos. 3.—cuñada. 4.—sobrinos. 5.—primo. 6.—suegros. 7.—yerno.

UNIDAD 10

57. 1.—mira. 2.—hablad. 3.—reparte. 4.—meta. 5.—suban. 6.—bebed. 7.—trabaja.

58. 1.—vuelve. 2.—huele. 3.—oye. 4.—prueba. 5.—empezad. 6.—enciende. 7.—elige. 8.—mide. 9.—repite. 10.—sigue. 11.—distribuye. 12.—destruid. 13.—ven.

59. 1.—sal. 2.—pon. 3.—salid. 4.—vete. 5.—haz. 6.—decid. 7.—sé. 8.—ven. 9.—ten. 10.—id. 11.—di.

60. A) 1.—estos. 2.—esta. 3.—este. 4.—estas. 5.—esta.
B) 1.—esos. 2.—esa. 3.—esas. 4.—ese. 5.—esa.
C) 1.—aquel. 2.—aquellas. 3.—aquellos. 4.—aquella. 5.—aquellos.

61. 1.—cuál. 2.—qué. 3.—por qué. 4.—cómo. 5.—cuándo. 6.—dónde. 7.—qué. 8.—por qué. 9.—cuáles. 10.—desde cuándo.

62. Ejercicio para comentar en clase.

UNIDAD 11

63. vete: idos/iros; ponte: poneos/poneros; cállate: callaos/callaros; quédate: quedaos/quedaros; despídete: despedíos/despediros; duérmete: dormíos/dormiros; diviértete: divertíos/divertiros; báñate: bañaos/bañaros; siéntate: sentaos/sentaros; lávate: lavaos/lavaros; cásate: casaos/casaros; acuéstate: acostaos/acostaros; vuélvete: volveos/volveros; vístete: vestíos/vestiros; ríete: reíos/reíros; quítate: quitaos/quitaros.

64. 1.—No te levantes temprano. 2.—No os quedéis en casa. 3.—No se callen ustedes. 4.—No te mires en el espejo. 5.—No se pare usted ahí. 6.—No te acuestes pronto. 7.—No te limpies la nariz. 8.—No te hagas un traje nuevo. 9.—No os cambiéis de casa. 10.—No te aprendas esto de memoria. 11.—¡No se dé usted prisa!

65. 1.—padre. 2.—hermano. 3.—papá. 4.—protagonista. 5.—yerno. 6.—ese actor, conocido. 7.—un sastre. 8.—un joven. 9.—el marqués.

66. la mía; la tuya; la suya; la suya; la suya; la nuestra; la vuestra; la suya; la suya; la suya.

67. Ejercicio para comentar en clase.

68. Alemania; Suecia; Francia; Portugal; Rusia; Japón; Inglaterra; Suiza; Grecia; Italia; Estados Unidos de América; Arabia.

UNIDAD 12

69. 1.—¡Cruzad la calle! 2.—¡Cuelga la gabardina! 3.—¡Sirva usted la comida! 4.—¡Olvídate de esa fecha! 5.—¡Coge el autobús! 6.—¡Sentaos (sentaros)! 7.—¡Date prisa! 8.—¡Cásate! 9.—¡Despertad a los niños! 10.—¡Subíos (subiros) al árbol!

70. ¡No salgas!; ¡No salgáis!; ¡No seáis!; ¡No traduzcáis!; ¡No huelas!; ¡No oigáis!; ¡No vengas!; ¡No digas!; ¡No cierren ustedes!; ¡No pongas!; ¡No vaya usted!; ¡No huyas!; ¡No pidáis!; ¡No vuelvas!

71. Soluciones posibles: 1.—un libro. 2.—redondo. 3.—ahí. 4.—una radio. 5.—ayer. 6.—un reloj. 7.—dos duros. 8.—azul. 9.—una carta. 10.—diez pesetas.

72. 1.—conmigo. 2.—ti. 3.—él. 4.—contigo. 5.—nosotros. 6.—ellos. 7.—ti. 8.—conmigo.

73. 1.—en. 2.—con. 3.—con. 4.—en. 5.—con. 6.—en. 7.—con. 8.—con.

74. 1.—nuera. 2.—bisabuela. 3.—ahijado. 4.—padrino. 5.—madrina. 6.—parientes (familiares). 7.—viudo.

UNIDAD 13

75. pasé/pasó; vine/vino; encargué/encargó; quise/quiso; pude/pudo; recibí/recibió; fui/fue; reservé/reservó; puse/puso; metí/metió; coloqué/colocó;

supe/supo; paré/paró; hice/hizo; decidí/decidió; saqué/sacó; reí/rió; bebí/bebió.

76. 1.—trajo. 2.—durmió. 3.—jugué. 4.—mintieron. 5.—murió. 6.—condujo. 7.—pidieron. 8.—huyeron. 9.—siguió. 10.—construyó.

77. 1.—les. 2.—le. 3.—le. 4.—te. 5.—nos. 6.—os. 7.—me. 8.—te. 9.—les. 10.—le.

78. 1.—... seis, treinta y siete, cincuenta y tres, trece. 2.—... número ciento setenta y cinco. 3.—... mil novecientos treinta y seis. 4.—... eme, cincuenta y seis, quince, jota, a. 5.—... cero, cero, cinco. 6.—... ciento cuarenta. 7.—el diecinueve ... 8.—... tres ... 9.—... veinticuatro ... 10.—... mil kilos.

79. 1.—como. 2.—que. 3.—que. 4.—como. 5.—que. 6.—más. 7.—tan. 8.—menos. 9.—que. 10.—menos.

80. Ejercicio para comentar en clase.

UNIDAD 14

81. salí/salió; caí/cayó; di/dio; oí/oyó; anduve/anduvo; invité/invitó; arreglé/arregló; permanecí/permaneció; tuve/tuvo; respeté/respetó; partí/partió; conduje/condujo.

82. 1.—despidió. 2.—corrigió. 3.—sintieron. 4.—traduje. 5.—destruyó. 6.—consiguieron. 7.—se vistió. 8.—prefirió. 9.—produjo. 10.—repitieron. 11.—se rió.

83. 1.—fue. 2.—trabajaron. 3.—salimos. 4.—se marcharon. 5.—comí. 6.—cerramos. 7.—vi. 8.—telefoneó.

84. 1.—míos. 2.—suyo. 3.—vuestras. 4.—tuyos. 5.—mía. 6.—tuyas. 7.—suyas. 8.—nuestro. 9.—vuestra. 10.—vuestros.

85. 1.—mejor. 2.—peor. 3.—mayor. 4.—menor. 5.—peores.

86. panadería; tienda de comestibles (ultramarinos); carnicería; pescadería; farmacia; relojería.

UNIDAD 15

87. *perseguir:* perseguía, perseguías, perseguía, perseguíamos, perseguíais, perseguían. *recoger:* recogía, recogías, recogía, recogíamos, recogíais, recogían. *tirar:* tiraba, tirabas, tiraba, tirábamos, tirabais, tiraban. *volar:* volaba, volabas, volaba, volábamos, volabais, volaban. *servir:* servía, servías, servía, servíamos, servíais, servían. *ver:* veía, ías, etc. *caber:* cabía, etc. *rendir:* rendía, etc.

88. 1.—llegaba. 2.—hacíamos. 3.—comía. 4.—ibas. 5.—llevaba.

89. Respuestas posibles: 1.—Se quedaban en casa. 2.—nos acostábamos muy temprano. 3.—iba andando. 4.—pagaba cuarenta mil pesetas al mes. 5.—porque tenía muchas cosas que comprar.

90. 1.—suave. 2.—lleno. 3.—azules. 4.—pobres, ciegos. 5.—triste. 6.—fría. 7.—célebre. 8.—culta. 9.—imposibles. 10.—blando. 11.—nuevas, prácticas. 12.—caliente. 13.—limpias. 14.—sensible. 15.—sensata.

91. 1.—Yo te la presté. 2.—Ellos las venden. 3.—Lo (le) conocimos ayer. 4.—Él los trajo. 5.—¿Quién la tradujo? 6.—La despedimos. 7.—¿Por qué lo habéis elegido? 8.—¿Cuándo las construyeron? 9.—Los (les) he visto. 10.—Todavía no las has saludado.

92. Japón; Australia; Argentina; Brasil; Israel; Perú; Méjico; Egipto; Escocia; India; Uruguay; Cuba.

UNIDAD 16

93. 1.—explicará. 2.—faltarás. 3.—comerá. 4.—vivirá. 5.—enviaremos. 6.—traerán. 7.—recibirán. 8.—pagaré. 9.—volveréis. 10.—se divertirán.

94. 1.—pondrás. 2.—saldrá. 3.—vendremos. 4.—diré. 5.—cabréis. 6.—valdrá. 7.—tendrán. 8.—sabrán. 9.—haréis. 10.—querrán. 11.—podrá.

95. Respuestas posibles: 1.—Estará en Tailandia. 2.—Serán unas amigas de tu hermana. 3.—Pensará que es muy bonito. 4.—Será Juan. 5.—No sé si estará o no. 6.—Llevará un montón de cosas. 7.—Tendrá más de cuarenta. 8.—Seguramente será inglés.

96. Posibles respuestas: 1.—Sí, me he enterado. 2.—Sí/no, (no) nos lo hemos puesto. 3.—Sí/no, (no) me he dado cuenta. 4.—Nos marchamos mañana/ No nos marchamos. 5.—Sí/no, (no) nos fuimos temprano. 6.—Sí/no, (no) me han saludado. 7.—Sí/no, (no) me ha asustado. 8.—Sí/no, (no) nos importa. 9.—Sí/no, (no) me hace falta algo (nada) más. 10.—Sí/no, (no) me gustan mucho. 11.—Sí/no, me apetece.

97. Posibles preguntas: 1.—¿Qué día es mañana? 2.—¿Cuándo vino? 3.— ¿Quién irá? 4.—¿Por qué no se levantó de la cama? 5.—¿Dónde nos vemos? 6.—¿Cómo está usted? 7.—¿Quién escribió *El viejo y el mar*? 8.— ¿Por qué corres tanto? 9.—¿Quién ha llamado por teléfono? 10.—¿Desde cuándo trabajan aquí? 11.—¿Hasta cuándo se quedó en Roma?

98. zapatero; joyero(a); frutero(a); sastre; tabernero(a); pescadero(a); panadero(a); churrero; mecánico; camarero(a); empleado(a).

UNIDAD 17

99. *tomar:* tomaría, tomarías, tomaría, tomaríamos, tomaríais, tomarían. *vivir:* viviría, vivirías, viviría, viviríamos, viviríais, vivirían. *poder:* podría, podrías, podría, podríamos, podríais, podrían. *venir:* vendría, vendrías, vendría, vendríamos, vendríais, vendrían. *meter:* metería, meterías, metería, meteríamos, meteríais, meterían. *saber:* sabría, sabrías, sabría, sabríamos, sabríais, sabrían. *caber:* cabría, cabrías, cabría, cabríamos, cabríais, cabrían. *poner:* pondría, pondrías, pondría, pondríamos, pondríais, pondrían. *querer:* querría, querrías, querría, querríamos, querríais, querrían. *hacer:* haría, harías, haría, haríamos, haríais, harían. *salir:* saldría, saldrías, saldría, saldríamos, saldríais, saldrían. *tener:* tendría, tendrías, tendría, tendríamos, tendríais, tendrían.

100. 1.—Estaría enferma. 2.—Necesitarían dinero. 3.—Se conocerían. 4.—Serían novios. 5.—Esperarías a alguien.

101. Posibles respuestas: 1.—Iría de juerga. 2.—Estaría de turista. 3.—Lo conocería cuando terminó la carrera. 4.—Sería el que preguntó antes por ti. 5.—Llegaría en tren. 6.—Pagarían más de cien mil pesetas.

102. 1.—formal. 2.—fuerte. 3.—fina. 4.—generosas. 5.—humildes.

103. 1.—Tú se lo dijiste. 2.—Les compré un regalo. 3.—Le pedí un favor. 4.—Le dimos una propina. 5.—Se la hice. 6.—Les di el recado. 7.—Se las vendí. 8.—Se lo cuenta. 9.—Les di un beso.

104. tenía; policía; día; escribís; bahía; escéptico; náufrago; huérfano; demócrata; grúa; cantáis; río; órdenes; tendréis; déficit; raíces; todavía; huésped; república; cuénteselo.

105. 1.—droguería. 2.—perfumería. 3.—ferretería. 4.—tienda de ultramarinos (mercado, supermercado). 5.—zapatería. 6.—farmacia. 7.—herbolario.

UNIDAD 18

106. salido; tenido; sabido; bailado; comprado; habido.

107. puesto; visto; muerto; escrito; vuelto; descubierto; resuelto; abierto; satisfecho; roto; dicho; hecho; cubierto; depuesto.

108. 1.—dicho. 2.—comprado. 3.—escrito. 4.—habido. 5.—roto. 6.—vuelto. 7.—resuelto. 8.—tenido. 9.—puesto. 10.—visto.

109. 1.—blancas. 2.—verdes. 3.—simpáticos. 4.—estropeada. 5.—rotos. 6.—gordo, bajo. 7.—delgadas, ágiles. 8.—grosera. 9.—contentas. 10.—negro. 11.—rubio. 12.—incómodos. 13.—dulces. 14.—vagos.

110. 1.—a. 2.—con. 3.—a. 4.—con. 5.—con. 6.—a.

111. 1.—qué. 2.—cuál. 3.—qué. 4.—qué. 5.—cuál. 6.—qué. 7.—qué. 8.—cuál. 9.—cuál. 10.—qué. 11.—qué. 12.—qué. 13.—cuál. 14.—qué. 15.—cuál.

UNIDAD 19

112. había tenido/habíamos tenido; había recibido/habíamos recibido; había cubierto/habíamos cubierto; había visto/habíamos visto; había hecho/habíamos hecho; había puesto/habíamos puesto; había estado/habíamos estado; había vuelto/habíamos vuelto; había abierto/habíamos abierto; había dicho/habíamos dicho.

113. habrás descubierto/habréis descubierto; habrás tomado/habréis tomado; habrás roto/habréis roto; habrás escrito/habréis escrito; habrás resuelto/habréis resuelto; habrás querido/habréis querido; habrás leído/habréis leído; habrás puesto/habréis puesto; habrás preguntado/habréis preguntado; habrás llorado/habréis llorado.

114. habría paseado/habrían paseado; habría conseguido/habrían conseguido; habría puesto/habrían puesto; habría roto/habrían roto; habría visto/habrían visto; habría vuelto/habrían vuelto; habría querido/habrían querido; habría dicho/habrían dicho; habría abierto/habrían abierto; habría descubierto/habrían descubierto.

115. 1.—riquísimos. 2.—simpatiquísima. 3.—contentísimo. 4.—puntualísimo. 5.—normalísimo. 6.—guapísima. 7.—cansadísimo. 8.—aburridísima. 9.—dulcísimo. 10.—graciosísimo.

116. 1.—buen. 2.—gran. 3.—mal. 4.—San. 5.—grandes. 6.—malas. 7.—gran. 8.—Santa, buena. 9.—mala.

117. Pasarlo bien (mal)=divertirse (aburrirse). Estar de mal (buen humor)= estar contento (enfadado). Llevarse bien (mal) con alguien=tener buenas (malas) relaciones con alguien. Estar a gusto (disgusto)=sentirse cómodo (incómodo) en algún sitio o situación. Poner verde a alguien=insultar, criticar a alguien.

118. 1.—Con pasta dentífrica y un cepillo de dientes. 2.—Con un peine o con un cepillo del pelo. 3.—Con un fósforo (cerilla) o con un encendedor (mechero). 4.—Con una escoba. 5.—Con una lavadora automática. 6.— Con una raqueta y bolas (pelotas) de tenis. 7.—Con una toalla. 8.—Con un bañador (para hombres); con un bikini o traje de baño (para mujeres). 9.—Con una grabadora. 10.—En un tocadiscos. 11.—Con un sacacorchos.

UNIDAD 20

119. *estudiar:* estudie, estudies estudie. *aprender:* aprenda, aprendas, aprenda. *vivir:* viva, vivas, viva. *hablar:* hablemos, habléis, hablen. *comer:* comamos, comáis, coman. *escribir:* escribamos, escribáis, escriban.

120. *pensar:* piense, pienses, piense, pensemos penséis, piensen. *entender:* entienda, entiendas entienda, entendamos, entendáis, entiendan. *mentir:* mienta, mientas, mienta, mintamos, mintáis, mientan. *cerrar:* cierre, cierres, cierre, cerremos, cerréis, cierren.

121. *volver:* vuelva, vuelvas, vuelva, volvamos, volváis, vuelvan. *servir:* sirva, sirvas, sirva, sirvamos, sirváis, sirvan. *pedir:* pida, pidas, pida, pidamos, pidáis, pidan. *recordar:* recuerde, recuerdes, recuerde, recordemos, recordéis, recuerden.

122. *coger:* coja, cojas, coja, cojamos, cojáis, cojan. *vencer:* venza, venzas, venza, venzamos, venzáis, venzan. *exigir:* exija, exijas, exija, exijamos, exijáis, exijan. *traducir:* traduzca, traduzcas, traduzca, traduzcamos, traduzcáis, traduzcan. *construir:* construya, construyas, construya, construyamos, construyáis, construyan. *jugar:* juegue, juegues, juegue, juguemos, juguéis, jueguen.

123. *dar:* dé/demos. *ir:* vaya/vayamos. *hacer:* haga/hagamos. *venir:* venga/vengamos. *oír:* oiga/oigamos. *poner:* ponga/pongamos. *saber:* sepa/sepamos.

124. 1.—Puedes comprártelo mañana. 2.—Quiero decírselo yo mismo. 3.—Estaban haciéndonoslo a toda prisa. 4.—Tendrá que dármela tarde o temprano. 5.—Iba a decíroslo. 6.—Debe comunicárselo cuanto antes. 7.—Estaba engañándome continuamente. 8.—Su hermano viene a verle todos los días. 9.—Está repitiéndomelo continuamente. 10.—Quiero verte aquí a la hora en punto.

125. 1.—Con unas tijeras. 2.—Con unos esquíes. 3.—Con una cámara (máquina) fotográfica. 4.—Con un gato y una llave para desatornillar las tuercas. 5.—En el frigorífico (nevera). 6.—Con una aguja e hilo. 7.—Con un cinturón (correa) o tirantes. 8.—Con un martillo.

UNIDAD 21

126. *salir:* salga/salgan. *traer:* traiga/traigan. *ver:* vea/vean. *decir:* diga/digan. *haber:* haya/hayan. *tener:* tenga/tengan.

127. 1.—descanses. 2.—dé. 3.—quiera. 4.—llueva. 5.—entiendas. 6.—apetezca.

128. *pensar:* pensara (pensase)/pensáramos (pensásemos). *correr:* corriera (corriese)/corriéramos (corriésemos). *salir:* saliera (saliese)/saliéramos (saliésemos). *escribir:* escribiera (escribiese)/escribiéramos (escribiésemos). *desear:* deseara (desease)/deseáramos (deseásemos).

129. *repetir:* repitieras (repitieses)/repitierais (repitieseis). *seguir:* siguieras (siguieses)/siguierais (siguieseis). *pedir:* pidieras (pidieses)/pidierais (pidieseis). *morir:* murieras (murieses)/murierais (murieseis). *preferir:* prefirieras (prefirieses)/prefirierais (prefirieseis).

130. 1.—las. 2.—los. 3.—la. 4.—la. 5.—el. 6.—la. 7.—los. 8.—los. 9.—la. 10.—las.

131. 1.—de. 2.—en. 3.—en. 4.—de. 5.—de. 6.—en.

132. 1.—ciego. 2.—sordo. 3.—mudo. 4.—cojo. 5.—tartamudo. 6.—manco. 7.—tuerto. 8.—calvo. 9.—enano. 10.—bizco.

UNIDAD 22

133. *traducir:* tradujera (tradujese)/tradujeran (tradujesen). *leer:* leyera (leyese)/ leyeran (leyesen). *conducir:* condujera (condujese)/condujeran (condujesen). *caer:* cayera (cayese)/cayeran (cayesen). *sustituir:* sustituyera (sustituyese)/sustituyeran (sustituyesen).

134. *tener:* tuviera, tuvieras, tuviera. *estar:* estuviera, estuvieras, estuviera. *ser:* fuera, fueras, fuera. *haber:* hubiera, hubieras, hubiera. *poder:* pudiera, pudieras, pudiera. *andar:* anduviera, anduvieras, anduviera.

135. *saber:* supiéramos, supierais, supieran. *poner:* pusiéramos, pusierais, pusieran. *decir:* dijéramos, dijerais, dijeran. *venir:* viniéramos, vinierais, vinieran. *ir:* fuéramos, fuerais, fueran. *querer:* quisiéramos, quisierais, quisieran. *dar:* diéramos, dierais, dieran. *caber:* cupiéramos, cupierais, cupieran.

136. 1.—descansaras (descansases). 2.—diera (diese). 3.—quisiera (quisiese). 4.—lloviera (lloviese). 5.—entendieras (entendieses). 6.—pidiéramos (pidiésemos). 7.—apeteciera (apeteciese).

137. 1.—estrechas. 2.—grises. 3.—cruel. 4.—naturales. 5.—sencillo.

138. 1.—mucho. 2.—muy. 3.—mucho. 4.—muy. 5.—muy. 6.—mucho, muy. 7.—muy. 8.—mucho. 9.—mucho. 10.—muy. 11.—muy.

139. Ejercicio para comentar en clase.

UNIDAD 23

140. 1.—pongas. 2.—enviaran (enviasen). 3.—fume. 4.—llamaran (llamasen). 5.—se encuentre. 6.—pasara (pasase).

141. 1.—haga. 2.—presentaran (presentasen). 3.—esté. 4.—protestara (protestase). 5.—conozcan. 6.—haya.

142. 1.—entren. 2.—dijeran (dijesen). 3.—le viera (viese). 4.—nazca. 5.—aprendas. 6.—quieras.

143. 1.—siente (sienta). 2.—tuviera (tuviese). 3.—vea. 4.—comiera (comiese). 5.—maten.

144. La Argentina; La Florida; El Canadá; La India; El Cairo; El Brasil; La Coruña; El Pakistán; El Uruguay; La China.

145. ki-lo; wá-ter; ho-rror; a-yer; bien; Jai-me; que-rer; ni-ño; po-llo; ca-rro. (Para deletrear, consúltese en abecedario).

146. 1.—Con champú. 2.—Con una barra (lápiz) de labios. 3.—Con un abridor. 4.—Con betún (crema para el calzado) y un cepillo. 5.—Gabardina o impermeable (el paraguas sirve para cubrirse la cabeza). 6.—Un cuchillo y un tenedor.

UNIDAD 24

147. 1.—vieran (viesen). 2.—duches. 3.—estuvieran (estuviesen). 4.—leas. 5.—fotocopiara (fotocopiase).

148. 1.—devuelvas. 2.—haya. 3.—tuviera (tuviese). 4.—trabaje. 5.—expliquen.

149. 1.—lleguen. 2.—sepa. 3.—eligiera (eligiese). 4.—conozca. 5.—encuentre. 6.—hable.

150. 1.—vulgar. 2.—caras. 3.—débil. 4.—fáciles. 5.—locas.

151. 1.—nadie. 2.—alguien. 3.—nadie. 4.—alguien. 5.—nadie. 6.—nadie. 7.—alguien. 8.—nadie. 9.—alguien. 10.—alguien.

152. 1.—Compraba los artículos alimenticios necesarios para el uso diario. 2.—Aparecer ridículo ante los ojos de los demás. 3.—No te comportes de una manera estúpida. 4.—¿Quién tiene que preparar la cena hoy? 5.—Hay que conformarse; no debemos desesperarnos ni darle más importancia de la que realmente tiene. 6.—Tengo que examinarme de dos asignaturas. 7.—Quiero preguntar algo. 8.—No finjas que no entiendes.

153. 1.—gatos, perros o pájaros. 2.—el león. 3.—la vaca. 4.—la oveja. 5.—la jirafa. 6.—el burro. 7.—el loro o la cotorra. 8.—la gallina.

UNIDAD 25

154. 1.—equivoque/equivocara. 2.—tuviera. 3.—tuviera. 4.—haga. 5.—sea. 6.—estuviera.

155. 1.—están. 2.—cambia. 3.—hay. 4.—avanza. 5.—es. 6.—viven.

156. 1.—baja. 2.—es. 3.—tengo. 4.—va. 5.—fumo. 6.—es.

157. Ejercicio para comentar en clase.

158. 1.—tuyos. 2.—suyo. 3.—mío. 4.—tuyo. 5.—vuestro. 6.—suya. 7.—nuestra. 8.—suyas. 9.—vuestros. 10.—tuya.

159. 1.—a, a. 2.—sin. 3.—a. 4.—sin. 5.—a. 6.—sin.

160. médico(a); abogado(a); profesor(a); físico(a); químico(a); ingeniero(a); político(a); diplomático(a); artista; actor (actriz).

UNIDAD 26

161. 1.—tengo. 2.—sale. 3.—duermo. 4.—pone. 5.—se echa. 6.—empieza.

162. 1.—sienta. 2.—quiere. 3.—es. 4.—comen. 5.—hablo.

163. 1.—entra. 2.—voy. 3.—opinamos. 4.—habla. 5.—ganas. 6.—insisto.

164. Ejercicio para comentar en clase.

165. 1.—está (anda, va). 2.—hace. 3.—cumplió. 4.—salir (ir). 5.—tiene. 6.—dar.

166. bondad; riqueza; oscuridad; juventud; amistad; maldad; altura; alegría.

UNIDAD 27

167. 1.—llegan. 2.—canta. 3.—propone. 4.—conoce. 5.—compra. 6.—corre.

168. 1.—tengo. 2.—coge. 3.—lees. 4.—aparcan. 5.—esperáis. 6.—toma.

169. 1.—es. 2.—funciona. 3.—come. 4.—reconozco. 5.—produce. 6.—mandan. 7.—perdéis.

170. 1.—... cuatrocientos veinte kilómetros ... 2.—... mil metros. 3.—... un kilo, ochocientos gramos. 4.—... quince litros ... 5.—... medio kilo ... 6.—... cuarto kilo ... 7.—... un millón ... 8.—... dos kilos y medio ... 9.—... trescientas cincuenta y tres páginas. 10.—... siete mil quinientos ...

171. mentira; suelo; principio (comienzo); sólido; extranjero; vejez; entrada; oscuridad (sombra); enemigo; amor.

172. 1.—algo. 2.—nada. 3.—algo. 4.—nada. 5.—algo. 6.—nada. 7.—algo. 8.—nada. 9.—nada. 10.—nada.

173. Dar coba a alguien=halagar, adular a alguien. No andarse por las ramas=ir directamente al asunto, no andarse con rodeos. Estar de buenas (malas)=tener buena (mala) suerte. Estar a régimen=comer cosas especiales para adelgazar o por razones de salud. Estar en estado=estar embarazada, encinta. Llevarse bien (mal) con alguien=tener buenas (malas) relaciones con alguien. Estar de moda=seguir los dictámenes de la moda.

UNIDAD 28

174. bailando; bebiendo; recibiendo; saltando; temiendo; subiendo.

175. pidiendo; viniendo; vistiendo; repitiendo; diciendo; corrigiendo; muriendo; durmiendo; sintiendo.

176. trayendo; destruyendo; leyendo; riendo; huyendo; construyendo; creyendo; friendo; cayendo; yendo; oyendo; viendo.

177. 1.—viendo. 2.—durmiendo. 3.—viajando. 4.—leyendo. 5.—eligiendo. 6.—midiendo. 7.—besando. 8.—hirviendo. 9.—comiendo. 10.—conduciendo.

178. 1.—más. 2.—si. 3.—tu. 4.—té. 5.—él. 6.—sí. 7.—tú. 8.—te, te. 9.—el.

179. 1.—todo. 2.—nada. 3.—nada. 4.—nada. 5.—todo. 6.—todo. 7.—nada. 8.—todo. 9.—todo.

180. 1.—el elefante. 2.—la ballena. 3.—la cigüeña. 4.—la gallina. 5.—en España es el gorrión. 6.—el leopardo (tigre, pantera). 7.—el caballo.

UNIDAD 29

181. 1.—Vamos a celebrarlo. 2.—¿Vas a cortar tú ...? 3.—Van a negarse a asistir. 4.—Voy a pintar ... 5.—¿Vas a plantar lechugas? 6.—¿Va usted a devolver el regalo?

182. 1.—Hay que sacar ... 2.—No hay que devolver ... 3.—Hay que arreglar ... 4.—Hay que invitarlos. 5.—Hay que decidirse ... 6.—Hay que colocarlo bien.

183. Posibles respuestas: 1.—Vamos a ir a Inglaterra. 2.—Tengo que comprar una tienda de campaña nueva. 3.—Sí, vamos a ir a comer juntos. 4.—No tienes que ir si no quieres. 5.—Sí, tengo que firmarla. 6.—Sí, mañana va a llover.

184. Ejercicio para comentar en clase.

185. 1.—a. 2.—a. 3.—a, a. 4.—al. 5.—no se emplea. 6.—no se emplea. 7.—no... 8.—no... 9.—no... 10.—no... 11.—al. 12.—no, al. 13.—a. 14.—no se emplea.

186. 1.—barra. 2.—raja. 3.—loncha. 4.—caña. 5.—copa. 6.—racimo.

UNIDAD 30

187. 1.—Lleva esperándote diez minutos. 2.—Llevaban construyendo la casa dos años. 3.—Lleva hablando por teléfono media hora. 4.—El niño llevaba gritando un cuarto de hora. 5.—El cura lleva predicando media hora.

188. 1.—Hace diez minutos que te espera. 2.—Hacía diez minutos que te esperaba. 3.—Hace dos años que están construyendo la casa. 4.—Hacía dos años que estaban construyendo la casa. 5.—Hacía media hora que estaba hablando por teléfono. 6.—Hace media hora que está hablando por teléfono. 7.—Hacía un cuarto de hora que el niño estaba gritando. 8.—Hace un cuarto de hora que el niño está gritando. 9.—Hace hora y media que predica el cura. 10.—Hacía hora y media que predicaba el cura.

189. 1.—Te espera desde hace diez minutos. 2.—Estaban construyendo la casa desde hacía dos años. 3.—Está hablando por teléfono desde hace media hora. 4.—El niño estaba gritando desde hacía un cuarto de hora. 5.—El cura predica desde hace hora y media.

190. 1.—dos más dos son cuatro. 2.—cinco menos tres son dos. 3.—cuatro por cuatro son dieciséis. 4.—doce entre cuatro son tres. 5.—siete más siete son catorce. 6.—nueve menos uno son ocho. 7.—diez por cinco son cincuenta. 8.—cincuenta y seis dividido por ocho son siete.

191. 1.—bien. 2.—buena. 3.—bien. 4.—bueno. 5.—buena. 6.—bien. 7.—bien. 8.—buenas. 9.—buen. 10.—buenas. 11.—buen. 12.—buen. 13.—bien. 14.—buen. 15.—buena. 16.—bueno. 17.—bien. 18.—bien.

192. 1.—las espinas. 2.—la piel. 3.—la cáscara.—4. la cáscara. 5.—la miga. 6.—la yema. 7.—la clara. 8.—la corteza.

UNIDAD 31

193. 1.—la carta fue abierta por Isabel. 2.—«El Guernica» fue pintado por Picasso. 3.—Un niño fue atropellado por un coche. 4.—El presupuesto fue presentado por el ministro de Hacienda. 5.—La ley de divorcio fue aprobada por el Congreso. 6.—Los terroristas fueron capturados por la policía. 7.—Gorbachev fue propuesto por Europa para el premio Nobel de la paz.

194. 1.—Las paredes se pintaron. 2.—Los platos se recogieron. 3.—Las cifras se leyeron. 4.—Las dificultades se resuelven. 5.—Las calles se regaron. 6.—Los documentos se examinan. 7.—Se venden coches. 8.—Se jugaron la vida.

195. 1.—Se protesta por la subida de los precios. 2.—Se reconoce que tenemos razón. 3.—Se criticaba que se gastara tanto dinero en armamento. 4.—Ahora se permite el juego en España. 5.—En esta tienda se habla portugués e italiano. 6.—Se prohíbe cantar y bailar. 7.—Se hablaba de América Latina.

196. 1.—El aeroplano se inventó ... 2.—Estas casas se construyeron ... 3.—Estos cañones se habían hecho ... 4.—El fondo de los mares todavía no se ha explorado totalmente. 5.—Estos coches se revisan ... 6.—Esos trajes ya se han enviado ...

197. 1.—Un perro mordió al niño. 2.—El fuego destruyó la casa. 3.—Esta mañana, todos los consejeros de la empresa han nombrado presidente al señor Pérez. 4.—El toro había cogido varias veces a ese torero. 5.—La gente joven lee mucho este libro. 6.—Un loco asesinó al ministro. 7.—El público acogerá muy bien este coche. 8.—Todo el mundo esperaba con impaciencia sus palabras.

198. 1.—lata. 2.—bote. 3.—tubo. 4.—ración. 5.—docena. 6.—caja.

UNIDAD 32

199. 1.—que. 2.—que. 3.—que. 4.—que. 5.—que. 6.—que.

200. 1.—quien. 2.—quien. 3.—quienes. 4.—quien. 5.—quienes. 6.—quien.

201. 1.—las que. 2.—el que. 3.—el que. 4.—el que. 5.—los que.

202. 1.—quienes. 2.—quien. 3.—quien. 4.—quien. 5.—quienes.

203. 1.—lo que. 2.—lo que. 3.—lo que. 4.—lo que. 5.—lo que.

204. 1.—algún. 2.—buen. 3.—Santo. 4.—ningún. 5.—gran. 6.—cualquier. 7.—Santo. 8.—alguna. 9.—ninguna. 10.—Santo. 11.—San.

205. patada; botellazo; balonazo; empujón; cañonazo; vistazo; cabezazo; pelotazo; codazo; manotada (manotazo); rodillazo; balazo.

UNIDAD 33

206. 1.—para. 2.—para. 3.—para. 4.—para. 5.—para. 6.—para. 7.—para. 8.—para.

207. 1.—para. 2.—para. 3.—para. 4.—para. 5.—para. 6.—para. 7.—para. 8.—para.

208. 1.—por 2.—por. 3.—por. 4.—por. 5.—por. 6.—por. 7.—por. 8.—por. 9.—por. 10.—por.

209. 1.—por. 2.—por. 3.—por. 4.—por. 5.—por. 6.—por. 7.—por. 8.—por.

210. 1.—por. 2.—por. 3.—por. 4.—por. 5.—por. 6.—por. 7.—por. 8.—por.

211. 1.—darme. 2.—tenga. 3.—dan. 4.—sacar. 5.—correr. 6.—hacer. 7.—sienta. 8.—echar (tomar). 9.—aprobado.

212. 1.—Poner el mantel, los cubiertos y demás utensilios necesarios para la comida. 2.—Aparentar agrado o complacencia. 3.—¿Qué dice (está escrito) ahí? 4.—Estar encendida, en funcionamiento. 5.—Tener cuidado. 6.—Encender el motor. 7.—Poner el reloj en la hora correcta. 8.—Hablar claro. 9.—Yo contribuyo con mil pesetas.

SEGUNDO CICLO

UNIDAD 34

213. 1.—es. 2.—es. 3.—estoy. 4.—es. 5.—estoy. 6.—está. 7.—es. 8.—está. 9.—es. 10.—están. 11.—estaba.

214. 1.—estaba. 2.—estaban. 3.—éramos. 4.—era. 5.—era. 6.—estaban. 7.—era. 8.—estabais. 9.—era. 10.—eran. 11.—están. 12.—están.

215. 1.—estuvieron. 2.—fueron. 3.—fue. 4.—estuvimos. 5.—fue. 6.—estuvisteis. 7.—fue. 8.—fueron. 9.—estuviste. 10.—fuiste.

216. el águila alpina; el agua salada; el amante cariñoso (la amante cariñosa); el hada madrina; el habla popular; el hacha nueva; la harina blanca; el alma inmortal; el ancla oxidada; el aula pequeña.

217. 1.—las esperamos ... 2.—le puse ... 3.—voy a llevarla ... 4.—le he dicho ... 5.—... le cortamos ... 6.—la compré ... 7.—el cartero les entregó ... 8.—les explicó ... 9.—la arregló ... 10.—... no le he pagado.

218. 1.—aún. 2.—quién. 3.—sólo (puede llevar acento o no llevarlo). 4.—ti. 5.—se. 6.—solo. 7.—dé. 8.—aun. 9.—sé. 10.—quien.

219. escultor; pintor; arquitecto; decorador; músico; dibujante; pianista; poeta; literato; programador.

UNIDAD 35

220. 1.—es. 2.—está. 3.—está. 4.—es. 5.—estaba. 6.—es. 7.—está (estaba). 8.—está. 9.—es. 10.—estamos. 11.—estaba. 12.—es. 13.—era. 14.—está, es. 15.—están.

221. 1.—es. 2.—está. 3.—estoy. 4.—estaba. 5.—es. 6.—eran (fueron). 7.—estoy. 8.—está. 9.—está, serás. 10.—está. 11.—está. 12.—están.

222. 1.—es. 2.—estoy. 3.—fue. 4.—estoy. 5.—es. 6.—estaba (estuvo). 7.—fue. 8.—estoy. 9.—es. 10.—estaba. 11.—es. 12.—estoy. 13.—es. 14.—está. 15.—es. 16.—estoy.

223. 1.—... 2.—los, los, la. 3.—el. 4.—... 5.—la. 6.—las. 7.—la, la. 8.—el. 9.—la, el.

224. 1.—a, de. 2.—a. 3.—en. 4.—a. 5.—de. 6.—de, a.

225. quitar; odiar; reír; cerrar; desnudarse (desvestirse); bajar; ignorar; pedir; vender; estropear.

UNIDAD 36

226. 1.—ser. 2.—estoy. 3.—es. 4.—estamos. 5.—es, está. 6.—es. 7.—estoy. 8.—estoy. 9.—es. 10.—es. 11.—está. 12.—está. 13.—ser. 14.—es. 15.—estamos.

227. 1.—es, están. 2.—es, está. 3.—es. está. 4.—son, están. 5.—es, está. 6.—es, está. 7.—es, está. 8.—es, está. 9.—son, estamos. 10.—son, estoy.

228. 1.—la. 2.—las. 3.—el. 4.—la. 5.—... 6.—las. 7.—... 8.—el. 9.—la. 10.—... 11.—las.

229. 1.—Sí, lo eran. 2.—Sí, lo estoy. 3.—Sí, lo soy. 4.—Sí, lo estaban. 5.—Sí, lo somos. 6.—Sí, lo estaba. 7.—Sí, lo he sido. 8.—Sí, lo estoy. 9.—Sí, lo fuimos. 10.—Sí, lo estoy. 11.—Lo parecen. 12.—Lo es. 13.—Lo parecían. 14.—lo estaban.

230. 1.—cada. 2.—todo. 3.—cada. 4.—cada. 5.—todos. 6.—toda. 7.—todos. 8.—cada. 9.—todas. 10.—todo. 11.—todos. 12.—cada. 13.—todo. 14.—todo. 15.—todos.

231. 1.—cocinera. 2.—mecánico. 3.—electricista. 4.—bombero. 5.—barrendero. 6.—camarera. 7.—fontanero. 8.—asistenta. 9.—albañil. 10.—sastre. 11.—modista. 12.—labrador. 13.—obrera. 14.—cajera (tesorera).

UNIDAD 37

232. 1.—no me lo traigas. 2.—no se lo digáis. 3.—no se lo escriban. 4.—no me lo compres. 5.—no se lo vendáis. 6.—no se la mandes. 7.—no nos lo enviéis. 8.—no te lo pruebes. 9.—no os lo pongáis. 10.—no nos lo den.

233. 1.—díselo. 2.—quítatelo. 3.—ponéroslo. 4.—limpiádselo (limpiárselo). 5.—hágaselo. 6.—regálanoslo. 7.—entregádselo (entregárselo). 8.—quitá(r)oslo). 9.—lávamelo. 10.—dénselo.

234. No los destruyáis; No se los des; No os calléis; No lo pidan ustedes; No se venguen ustedes; No lo repitáis; No me lo digas; No se vayan; No lo vendáis; No los termines; No lo confieses; No lo cojas; No las cerréis; No te diviertas; No lo cierre; No se las pongan ustedes; No me esperéis; No lo vea usted; No lo escribas; No lo cocines.

235. 1.—el. 2.—la. 3.—un. 4.—la. 5.—la. 6.—el. 7.—una. 8.—un.

236. 1.—Sí (no) lo soy. 2.—Sí (no) lo sabe. 3.—Sí (no) lo necesito. 4.—Sí (no) lo eran. 5.—Sí (no) lo he oído. 6.—Sí (no) lo veo. 7.—Sí (no) lo estoy. 8.—Sí (no) lo comprendo. 9.—Sí (no) lo creo. 10.—Sí (no) lo eran. 11.—Sí (no) lo sé. 12.—Sí (no) lo comí.

237. madrileño; londinense; romano; gallego; andaluz; valenciano; parisino (parisiense); berlinés; catalán; asturiano; vasco; extremeño.

UNIDAD 38

238. Ejercicio para comentar en clase.

239. 1.—se durmió. 2.—recibimos. 3.—hablaron. 4.—nos quedamos. 5.—dormimos. 6.—hice.

240. 1.—llevaba. 2.—veíamos. 3.—fui. 4.—tomaban. 5.—fuimos. 6.—desayunó.

241. 1.—primer. 2.—tercera. 3.—tercer. 4.—primeros. 5.—tercera. 6.—primeras. 7.—tercer. 8.—primer.

242. de repente; con rapidez; con facilidad; en silencio; con sencillez; por lo común; en secreto; con dificultad; con eficacia; con tranquilidad.

243. El ejercicio trata de la correlación *éste-ése-aquél*. Las respuestas y las diferencias de matiz hay que comentarlas con el profesor.

244. Ejercicio para comentar en clase.

UNIDAD 39

245. Ejercicio para comentar en clase.

246. Ejercicio para comentar en clase.

247. Ejercicio para comentar en clase.

248. Ejercicio para comentar en clase.

249. 1.—el. 2.—la. 3.—el. 4.—la. 5.—..., los. 6.—el (los). 7.—... 8.—el. 9.—..., las. 10.—el. 11.—las.

250. levantarse; sacar; ir; apagar; salir; morir; enfriar; callar; ensuciar; fallar.

UNIDAD 40

251. 1.—nos casamos. 2.—tomábamos. 3.—llegué. 4.—estaba. 5.—conocí. 6.—supimos.

252. 1.—leía. 2.—viajaban. 3.—paseaba. 4.—tomaba. 5.—se paseaba. 6.—bebíamos. 7.—repasaba. 8.—entudiaba.

253. 1.—sonó. 2.—les robaron. 3.—sucedió. 4.—se dio cuenta de. 5.—abrió.

254. Ejercicio para comentar en clase.

255. Ejercicio para comentar en clase.

256. 1.—le veíamos, quería. 2.—tiraban. 3.—nos aburrimos. 4.—descubrí. 5.—eran. 6.—perdí. 7.—fue (era).

257. 1.—suave. 2.—blando. 3.—liso. 4.—áspera. 5.—amarga. 6.—ácidos.

UNIDAD 41

258. Ejercicio para comentar en clase.

259. 1.—nos vemos. 2.—me caso. 3.—vuelven. 4.—digo. 5.—digo. 6.—aviso.

260. 1.—está trabajando. 2.—está escribiendo. 3.—está engordando. 4.—me estoy cansando.

261. 1.—estaba. 2.—hablabas. 3.—llevaba. 4.—éramos. 5.—teníamos. 6.—llovía. 7.—sabía. 8.—era.

262. 1.—peor. 2.—más aburrido. 3.—mayor. 4.—mejor. 5.—menor. 6.—más (menos) formal. 7.—más bajo. 8.—más tonto. 9.—más alto. 10.—más vaga.

263. 1.—Ese camión era de él. 2.—Los cepillos de dientes son de ellos. 3.— Esto no es mío, sino de usted. 4.—Aquel impermeable era de ella. 5.—La nevera no era nuestra, sino de ustedes. 6.—Estos bocadillos no son de ustedes, sino de ellas.

264. 1.—del. 2.—a. 3.—en, de. 4.—a. 5.—en. 6.—de. 7.—a, de. 8.—a.

265. 1.—rebaño. 2.—bandada. 3.—banda. 4.—orquesta (banda). 5.—archipiélago. 6.—equipo. 7.—manada. 8.—flota (escuadra). 9.—coro. 10.— ejército.

UNIDAD 42

266. 1.—Tendrá ... 2.—Habría ... 3.—Estarán ... 4.—Gastarás ... 5.—Sería ... 6.—Costará ... 7.—Pagaría ... 8.—Estudiará ...

267. 1.—Le habrá costado/le habría costado ... 2.—Habrá pagado/habría pagado ... 3.—Habrán estado/habrían estado ... 4.—Habrá sido/habría sido ... 5.—Se habrá puesto/se habría puesto ... 6.—Habrá hecho/habría hecho estraperlo en la guerra.

268. 1.—Serían las ocho. 2.—Habrá cien personas en la sala. 3.—Tendría treinta años. 4.—Le habrá costado cien pesetas. 5.—Lo habremos visto a las once de la noche. 6.—Viviría bastante mal. 7.—¿Cuántos habría? 8.— Le habría ocurrido algo. 9.—Andaría cinco kilómetros. 10.—La habitación medirá cuatro metros de largo. 11.—Vivirán a dos manzanas de aquí.

269. 1.—habrán terminado. 2.—habremos llegado. 3.—habremos regresado. 4.—habrán licenciado.

270. 1.—a) habrán llegado, b) habrían llegado. 2.—a) habrá ganado, b) habría ganado. 3.—a) se habrá solucionado, b) se habría solucionado. 4.—a) se habrá duplicado, b) se habría duplicado.

271. 1.—lo. 2.—lo. 3.—el. 4.—lo. 5.—la. 6.—el. 7.—lo. 8.—el, el. 9.—lo. 10.—lo.

272. 1.—Sí, la tengo. 2.—Sí, las hay. 3.—Yo lo he hecho. 4.—Sí, los vendemos. 5.—Sí, la he terminado. 6.—Sí, los estudio. 7.—Sí, la tenían. 8.—Sí, lo había. 9.—Sí, la hemos visto. 10.—Sí, lo sé.

273. Ejercicio para comentar en clase. (Consulte el diccionario).

UNIDAD 43

274. 1.—*b)* Vivió en Italia doce años. 2.—*b)* Siempre han presumido mucho. 3.—*b)* Toda su vida se comportó así. 4.—*b)* Ese vino no lo probé nunca. 5.—*b)* Hasta ahora no hemos pasado calor aquí. 6.—*b)* Todos los años celebramos el carnaval.

275. 1.—hemos oído. 2.—has ganado. 3.—han llamado. 4.—fui. 5.—se han divertido. 6.—salimos.

276. 1.—*a)* han cenado, *b)* habían cenado. 2.—*a)* ha salido, *b)* había salido. 3.—*a)* ha estudiado, *b)* había estudiado. 4.—*a)* ha oído, *b)* había oído.

277. 1.—han vivido (vivieron). 2.—habías contado. 3.—han invitado. 4.—regresé. 5.—sacrificó (ha sacrificado). 6.—actuó.

278. 1.—los, ..., ... 2.—... 3.—... 4.—la. 5.—... 6.—el. 7.—..., el. 8.—... 9.—la. 10.—... 11.—el.

279. 1.—mal. 2.—mal. 3.—malas. 4.—malo. 5.—mal. 6.—mal. 7.—mal. 8.—mal. 9.—malos. 10.—mal. 11.—mal. 12.—malo.

280. Ejercicio para comentar en clase.

UNIDAD 44

281. 1.—vengáis. 2.—comas. 3.—vaya. 4.—salgamos. 5.—se sienten. 6.—duerman. 7.—obedezca. 8.—se vistan. 9.—conduzcáis. 10.—se rían.

282. 1.—den ... 2.—hagas ... 3.—vayáis ... 4.—valga ... 5.—pueda ... 6.—salgamos ... 7.—oiga ... 8.—no sepan ... 9.—digas ... 10.—tenga ... 11.—ponga ...

283. Ejercicio para comentar en clase.

284. 1.—tienes. 2.—es. 3.—están. 4.—había. 5.—estaba. 6. se presenta. 7.—estaban. 8.—me ocuparé (me ocupo). 9.—pasó (pasaba). 10.—teníamos.

285. 1.—No veo que tengas ganas de hablar. 2.—No reconozco que la sintaxis española sea complicada. 3.—¿No crees que estén allí? 4.—No recordaba que me lo hubiera dicho. 5.—No he notado que esté pálida. 6.—No he oído que ese político se presente a las elecciones. 7.—No se enteraron de que no estuvieran incluidos en la lista. 8.—No te prometo que me ocupe del asunto.

286. 1.—cuánto. 2.—porque. 3.—ésta. 4.—qué. 5.—mi. 6.—esa. 7.—quién. 8.—aquel. 9.—qué. 10.—esta. 11.—cuanto. 12.—que. 13.—aquélla. 14.—ésa. 15.—mí.

287. 1.—Lo vi ... 2.—Le he dado ... 3.—Le puse ... 4.—Los oí hablar ... 5.—Les compré ... 6.—Lo he observado ... 7.—Les dije ... 8.—Le regalé ... 9.—Los comprendo ... 10.—Le conté ...

288. 1.—una. 2.—la. 3.—la. 4.—un. 5.—el. 6.—los. 7.—un. 8.—la.

289. rápidamente; simplemente; únicamente; magníficamente; seguramente; estupendamente; generalmente; inteligentemente; solamente; abundantemente.

UNIDAD 45

290. 1.—podáis. 2.—presentaran. 3.—firmen. 4.—hablaba. 5.—esté. 6.—comprarais. 7.—falta. 8.—tuviese. 9.—aprendan. 10.—haya. 11.—quiere.

291. 1.—prefiere. 2.—prefiera. 3.—había. 4.—hubiera. 5.—tiene. 6.—tenga. 7.—iban. 8.—fuesen. 9.—tiene. 10.—tenga. 11.—viven. 12.—vivan.

292. 1.—te pongas. 2.—enviasen. 3.—lleváramos. 4.—comprasen. 5.—fume. 6.—fuésemos. 7.—hicieran. 8.—os encontréis. 9.—hayan. 10.—haya/hubiera. 11.—hagas.

293. 1.—cambie. 2.—traigan. 3.—empujen. 4.—sepa. 5.—echen. 6.—se acuerde. 7.—diera. 8.—estuviese. 9.—saliésemos. 10.—sea. 11.—bailáramos. 12.—supieran.

294. 1.—El tipo ese ... 2.—Los periódicos aquellos ... 3.—La bebida esa ... 4.—Los sobres esos ... 5.—La caja aquella ... 6.—Los sombreros estos ...

7.—La guitarra esa ... 8.—El autobús aquel ... 9.—El asunto este ... 10.—La noche aquella ...

295. 1.—algún. 2.—ningún. 3.—algunas. 4.—ninguna. 5.—algunos. 6.—algunos, ninguno. 7.—ninguna(o). 8.—ninguno. 9.—algunos, ningún. 10.—algunos, ninguno.

296. 1.—chocó. 2.—hacerle. 3.—da. 4.—se pone. 5.—daré. 6.—trae (lleva). 7.—tomar.

297. Ejercicio para comentar en clase. (Consulte el diccionario.)

UNIDAD 46

298. 1.—le vea (veo). 2.—termina (termine). 3.—puedan. 4.—haga. 5.—paguen (pagan). 6.—viven (vivan).

299. 1.—advertíamos. 2.—comía. 3.—tuvimos. 4.—cobrara. 5.—llegues. 6.—llegó.

300. 1.—entran. 2.—sean. 3.—venga. 4.—entera. 5.—trabajan. 6.—hagamos. 7.—son.

301. 1.—llegó. 2.—llega. 3.—llegue. 4.—llegara. 5.—llegó. 6.—llega. 7.—llegue. 8.—llegara.

302. 1.—tan. 2.—más (tan). 3.—tan. 4.—tan. 5.—más (tan).

303. 1.—más. 2.—tanto. 3.—menos. 4.—como. 5.—más. 6.—tanto. 7.—como. 8.—más. 9.—cuanto. 10.—como.

304. 1.—Siempre acostumbra a ... 2.—¡Anímate a ...! 3.—Se arrepintió de ... 4.—Nos cansamos de ... 5.—Hemos dejado de ... 6.—Por fin se decidió a ... 7.—Presume de ... 8.—He tratado de ... 9.—Soñaba con ... 10.—Tarda mucho en ...

305. Ejercicio para comentar en clase. (Consulte el diccionario).

UNIDAD 47

306. 1.—vea. 2.—cuides. 3.—dieran. 4.—traigas. 5.—envíen. 6.—carezca. 7.—estemos. 8.—te enteres.

307. 1.—trates. 2.—fuera. 3.—esté. 4.—llueva. 5.—te portas. 6.—te portes. 7.—hubiera esperado.

308. 1.—llueve. 2.—lloviera. 3.—hubiera llovido. 4.—llueva. 5.—llovía. 6.—llovía (llueve, llovió).

309. 1.—tengo. 2.—fumaras. 3.—hubiera. 4.—ponéis. 5.—gasta. 6.—habría (hubiera). 7.—ves. 8.—saldría. 9.—pide. 10.—tendría. 11.—Tocaba. 12.—se presenta. 13.—comíamos.

310. 1.—es (será). 2.—tiene. 3.—hiciera. 4.—hubieras estado. 5.—fuera. 6.—vendrán (vienen). 7.—dio (ha dado). 8.—saben.

311. 1.—de. 2.—en. 3.—en. 4.—de. 5.—de. 6.—sin. 7.—a. 8.—a (de).

312. inseguro; incapaz; infeliz; inmortal; descontar; indecente; descargar; descansar; desmentir; innecesario; impuro; inhumano.

313. 1.—Me corresponde pagar lo que he bebido. 2.—No me importa; me es indiferente. 3.—Está clarísimo; es evidente. 4.—Me hace sospechas; me hace temer algo malo. 5.—No leas ese folleto porque es muy pesado y aburrido.

UNIDAD 48

314. 1.—sepa. 2.—haya, levante. 3.—llegaron. 4.—entiende. 5.—hayan. 6.—hable. 7.—tenga. 8.—tenga. 9.—vea. 10.—escriba. 11.—llegaban. 12.—vengan.

315. 1.—Esté donde esté ... 2.—Vista como vista ... 3.—Cante quien cante ... 4.—Vayan cuando vayan ... 5.—Trabajemos o no trabajemos ... 6.—Cueste lo que cueste ... 7.—Viváis donde viváis ... 8.—Caiga quien caiga ... 9.—Gasten cuanto gasten ...

316. 1.—nieve. 2.—termine. 3.—veo. 4.—pudiera. 5.—sea. 6.—salimos. 7.—se divierta. 8.—hablara. 9.—estudia. 10.—aproveche. 11.—tuviera. 12.—descanses. 13.—lleguemos. 14.—pillen. 15.—se democratizará.

317. 1.—a. 2.—en, de. 3.—de, en. 4.—de, en. 5.—de. 6.—de. 7.—con.

318. 1.—de. 2.—de. 3.—que. 4.—de. 5.—que. 6.—que. 7.—que. 8.—de. 9.—que. 10.—de.

319. reeditar; releer; expresidente; reelegir; recoger; revolver; reeducar; extraer.

320. 1.—Le sorprendimos en el momento mismo en que estaba haciendo una mala acción. 2.—El médico dijo que ya estaba curado. 3.—No admite ni justifica nada mal hecho. 4.—Pasar el tiempo sin hacer nada útil. 5.—Lo hizo en un momento, muy rápidamente. 6.—No lo hago porque no quiero. 7.—¿Qué hacemos por fin? ¿Cuál es el acuerdo final? 8.—Todo está sin resolver todavía; no hay nada claro.

UNIDAD 49

321. 1.—diesen. 2.—hayan. 3.—vivía. 4.—llegaron. 5.—se moleste. 6.—hago. 7.—vaya. 8.—quieran. 9.—pueda. 10.—ha. 11.—seas/hayas sido). 12.— termina (terminará).

322. 1.—sea. 2.—sea. 3.—tengas. 4.—vi. 5.—sabe. 6.—tenemos. 7.—sale. 8.— empecéis. 9.—tengo.

323. 1.—vea. 2.—sepa. 3.—sabía. 4.—durmiéramos. 5.—gasten. 6.—insistas. 7.—bebo. 8.—era. 9.—quisiera. 10.—estén. 11.—tienen. 12.—hago (hice), etcétera.

324. 1.—el (posible). 2.—la (necesario). 3.—el (posible), la (necesario). 4.—un (necesario), el (necesario). 5.—una (necesario). 6.—la (necesario), un (necesario). 7.—lo (necesario). 8.—lo (necesario). 9.—una/la (necesario). 10.—el (posible).

325. 1.—de. 2.—de. 3.—en. 4.—sin. 5.—de. 6.—con. 7.—de. 8.—a.

326. 1.—tronco. 2.—pepitas. 3.—hueso. 4.—cáscara/piel. 5.—el mango. 6.—la hoja. 7.—la suela y el tacón.

UNIDAD 50

327. 1.—tuviera. 2.—dijera. 3.—supieras. 4.—pudieran. 5.—anduviera. 6.— trajeran. 7.—estuviera. 8.—llegara. 9.—fuéramos. 10.—fuéramos. 11.— abriera.

328. 1.—termine. 2.—terminaron. 3.—estudia. 4.—estudies. 5.—viene. 6.—vengas. 7.—venga. 8.—merendara. 9.—se casan. 10.—son.

329. 1.—¿Me permite fumar? 2.—... nos impidió ir a trabajar. 3.—Les dejé hacer ... 4.—Le he ordenado ... pasar a limpio esta carta. 5.—Nos hizo limpiarnos ... 6.—Permítame explicarle ... 7.—Nos prohibió ir ... 8.—Os aconsejó ir. 9.—Te animaron a terminar ... 10.—Les impedimos cometer un error.

330. 1.—... 2.—... 3.—unos. 4.—..., ... 5.—una. 6.—unas. 7.—unos. 8.—... 9.—... 10.—unos.

331. 1.—a. 2.—de. 3.—por. 4.—por. 5.—a, de. 6.—para. 7.—por. 8.—de.

332. 1.—meseta. 2.—desierto. 3.—puente, bahía. 4.—estrecho. 5.—canal. 6.—península. 7.—continente. 8.—puerto. 9.—Comunidad.

UNIDAD 51

333. 1.—desayuno. 2.—va. 3.—estás leyendo. 4.—estaba durmiendo. 5.—ve. 6.—leo. 7.—veraneamos. 8.—llega/llegará. 9.—estuvimos tomando. 10.—estoy poniendo.

334. 1.—estabas haciendo. 2.—acuesto. 3.—echo. 4.—está estudiando. 5.—está criticando. 6.—estaba copiando. 7.—está escribiendo. 8.—divertí.

335. 1.—hay. 2.—hay (habrá). 3.—hubo. 4.—había. 5.—había (hubo, hay). 6.—había. 7.—habrá. 8.—habrá. 9.—habría. 10.—hay.

336. 1.—... el regalo que me traéis. 2.—... las ganas que ... 3.—... las veces que ... 4.—... la sorpresa que recibí. 5.—... los premios que ganó. 6.—... el color que prefiere. 7.—No sabes el hambre que tengo. 8.—Hay que ver el sueño que tengo.

337. 1.—él. 2.—le. 3.—lo. 4.—nosotros. 5.—lo. 6.—mí. 7.—les. 8.—ellos. 9.—le. 10.—te.

338. 1.—tengo. 2.—escribimos. 3.—trabajes. 4.—conduzcamos. 5.—tenga. 6.—se esfuerce. 7.—seas. 8.—hable (hablo). 9.—venda. 10.—seamos. 11.—habla. 12.—te trato. 13.—coma. 14.—te metas. 15.—me quieras.

339. 1.—Policía rural y vigilancia de carreteras. 2.—Mantener el orden público en las ciudades. 3.—Regular y ordenar la circulación en las ciudades. 4.—Cobrar el importe de los billetes a los pasajeros. 5.—Cobrar el importe del recibo de la luz. 6.—Tener el control de las personas que salen y entran en el edificio y recibir y dar recados sobre cualquiera de los vecinos. 7.—Son ordenanzas que están al servicio de profesores y estudiantes en cualquier centro académico de grado intermedio o superior.

UNIDAD 52

340. 1.—Lleva trabajando aquí dos meses/Hace dos meses que trabaja aquí. 2.—Hacía dos meses que hablaba con ella/Hablaba con ella desde hacía dos meses. 3.—Hace tres horas que están operando al enfermo/Están operando al enfermo desde hace tres horas. 4.—Lleva cinco minutos cantando/Está cantando desde hace cinco minutos. 5.—Lleva tres días bebiendo sólo leche/Hace tres días que bebe sólo leche. 6.—Llevaba escribiendo poesía cinco años/Hacía cinco años que escribía poesía.

341. 1.—darme ... 2.—viviendo ... 3.—ver ... 4.—decir ... 5.—criticar ... 6.—tomar ... 7.—estudiando ... 8.—beber ... 9.—correr ... 10.—abriendo .. 11.—aprendiendo ...

342. 1.—viviendo. 2.—pensando. 3.—dar. 4.—yendo. 5.—trabajar. 6.—costar. 7.—entregando. 8.—llamarme. 9.—diciendo, casarte. 10.—pagando. 11.—decirle.

343. 1.—que. 2.—a. 3.—de. 4.—a. 5.—de. 6.—a. 7.—a. 8.—que. 9.—a. 10.—de. 11.—de. 12.—a. 13.—a. 14.—a. 15.—por. 16.—de.

344. 1.—tuve que. 2.—hay que. 3.—tuvimos que. 4.—había (hubo) que. 5.—tenemos que. 6.—habrá que. 7.—tenían que. 8.—tuvieron que.

345. 1.—unos. 2.—... 3.—unos. 4.—una. 5.—unos. 6.—una. 7.—un. 8.—... 9.—una. 10.—unas.

346. 1.—que. 2.—cuál. 3.—donde. 4.—cuando. 5.—cómo. 6.—cual. 7.—qué. 8.—dónde. 9.—cuándo. 10.—como. 11.—que.

347. Ejercicio para comentar en clase. (Consulte el diccionario).

UNIDAD 53

348. 1.—lo. 2.—las. 3.—lo. 4.—el. 5.—los. 6.—la. 7.—el. 8.—los. 9.—las. 10.—los.

349. 1.—que. 2.—quien (la que). 3.—que. 4.—cuyos. 5.—quien. 6.—que. 7.—cuya. 8.—quien (el, la que). 9.—que. 10.—quien (del que).

350. 1.—para la que. 2.—con el que. 3.—quienes. 4.—que. 5.—de quien/del que. 6.—a la que. 7.—en que/en el que/donde. 8.—que.

351. 1.—el. 2.—un, ... 3.—la, el (del). 4.—el. 5.—una. 6.—los. 7.—... 8.—los, el. 9.—... 10.—lo.

352. Posibles respuestas: 1.—No, no hay nadie aquí. 2.—No, no tengo nada que hacer. 3.—No, no hemos ido nunca. 4.—No, no tenemos ninguna. 5.—No, no quiero nada más. 6.—No, no vivo nunca en el campo. 7.—No, nunca me ducho después de comer. 8.—No, no ha venido nadie. 9.—No, no tenemos ninguna. 10.—No, no me contó nada interesante.

353. 1.—Voy a hacerte una foto con la cámara fotográfica. 2.—Me asustó mucho. 3.—Obtuvo el primer puesto entre todos los candidatos. 4.—Se golpeó (chocó) contra la puerta. 5.—Hay que descoser el dobladillo del final y alargar un poco la tela. 6.—Tiene mucho ritmo y es muy fácil de recordar. 7.—Es cuatro centímetros más alto. 8.—Se disparó un tiro. 9.—¡Aléjate!, me vas a contagiar la enfermedad.

UNIDAD 54

354. 1.—el que (quien). 2.—los que. 3.—quien (el que). 4.—quien (el que). 5.—el que (donde). 6.—donde. 7.—lo que. 8.—donde. 9.—donde. 10.—como. 11.—cuando.

355. 1.—los que (quienes) ... 2.—donde ... 3.—cuando ... 4.—con quien ... 5.—de quien ... 6.—por lo que ... 7.—como ... 8.—la que ... 9.—los que ...

356. 1.—El guardia que dirige la circulación me puso una multa. 2.—La chica con quien (la que) salgo es rubia. 3.—La calle en la que (donde) vivo es muy céntrica. 4.—Estos cigarrillos que fumo son baratos. 5.—El programa de televisión que vieron era aburrido. 6.—El señor con quien (el que) discutimos era un maleducado. 7.—El locutor cuya voz estáis escuchando no es español. 8.—La mujer de la que (quien) estoy enamorado es francesa. 9.—El reloj que compraste era japonés. 10.—La pensión donde (en la que) vivíamos era muy barata.

357. 1.—menos de la cuarta parte ... 2.—... en la segunda mitad del siglo veinte. 3.—... fue Alfonso trece. 4.—... en el segundo piso. 5.—... estábamos a cero grados. 6.—... de dieciséis grados. 7.—Hoy es quince de agosto. 8.—... el quinto aniversario de su boda. 9.—... en el décimo asalto.

358. 1.—Algunas corbatas las vendió este dependiente. 2.—Los ejercicios ya los hemos hecho. 3.—El pan lo compro yo. 4.—La falda la planchó la muchacha. 5.—Los suelos los barre ella. 6.—*La Galatea* la escribió Cervantes. 7.—Esto lo dijo Juan. 8.—Las cartas las echaste tú al correo. 9.—El trabajo lo terminaron ellos. 10.—Esos periódicos ya los he leído.

359. 1.—pasan. 2.—estar. 3.—presentar. 4.—tomar. 5.—tiene. 6.—aparenta. 7.—calé (mojé). 8.—ponen (echan, dan).

360. 1.—Se quedó muy sorprendido. 2.—No pierda el control de su persona; no pierda la serenidad. 3.—Hay que arriesgarse totalmente. 4.—Intentaré solucionar el problema de la mejor manera posible. 5.—Presume de que es listo. 6.—Es mejor simular (fingir) que uno no ha visto lo que está ocurriendo. 7.—No me gusta aparentar que soy tonto y que los demás se aprovechen de mí. 8.—Me lo contó con todos los detalles.

UNIDAD 55

361. 1.—venderán. 2.—comía. 3.—alquila(n). 4.—establecerán. 5.—inauguró. 6.—habla. 7.—dice. 8.—prohíbe. 9.—se plancha, se cose y se hace.

362. 1.—fue escrita. 2.—se sirve. 3.—se recibían. 4.—se cerró/fue cerrada. 5.—ha sido enviado/se ha enviado. 6.—ha sido premiada/se ha premiado. 7.—fue adquirido. 8.—se leen. 9.—fue detenido.

363. 1.—La orden del sargento fue anulada por el capitán. 2.—Se comentó mucho el incidente. 3.—La calefacción se arregló (fue arreglada) la semana pasada. 4.—El monumento fue costeado por el pueblo entero. 5.—En el norte de España se come más que en el sur. 6.—Las armas fueron entregadas (se entregaron) sin resistencia. 7.—En los Estados Unidos se cambia de lugar muy a menudo. 8.—Se derribó el muro de Berlín.

364. 1.—El interesado no recibió la carta. 2.—Construyeron un nuevo puente sobre la autopista. 3.—El director general envió el informe. 4.—Plantaron rosales en el parque. 5.—Le pusieron una multa por aparcar mal. 6.—El ingeniero presentó el proyecto. 7.—Las recordamos con cariño. 8.—Te vieron en Roma hace un par de días.

365. 1.—el. 2.—el. 3.—lo. 4.—un. 5.—un. 6.—el, la. 7.—lo. 8.—el. 9.—lo.

366. 1.—Siempre consigue lo que quiere. 2.—Pagamos la mitad cada uno. 3.—Tener malestar (sed, garganta seca, etc.) después de haber bebido en exceso. 4.—Concretar todos los detalles. 5.—Acertar plenamente. 6.—Hablar o actuar yendo directamente al punto central o más importante del asunto o situación. 7.—Hablar siempre francamente, sin ocultar nada. 8.—Insultar, molestar o criticar a alguien.

UNIDAD 56

367. 1.—por. 2.—para. 3.—por. 4.—por. 5.—por. 6.—para. 7.—para. 8.—por. 9.—por. 10.—por. 11.—por. 12.—por (para).

368. 1.—para. 2.—para. 3.—por. 4.—para. 5.—por. 6.—por. 7.—para. 8.—para. 9.—para. 10.—para. 11.—para. 12.—por (para). 13.—por. 14.—por.

369. Ejercicio para comentar en clase.

370. 1.—me encanta. 2.—les caemos. 3.—os apetecen. 4.—le quedan. 5.—me falta. 6.—te sobra. 7.—le gustas. 8.—te está. 9.—me gustas.

371. 1.—Esta casa se la he alquilado a un amigo mío/A un amigo mío le he alquilado esta casa. 2.—El dinero se lo había dado a sus hijos/A sus hijos les había dado el dinero. 3.—El coche se lo ha comprado a ese mecánico/A ese mecánico le ha comprado el coche. 4.—La ceremonia ya se la han anunciado a sus invitados/A sus invitados ya les han anunciado la ceremonia. 5.—La teoría se la hemos explicado a los alumnos/A los alumnos les hemos explicado la teoría.

372. Ejercicio para comentar en clase. (Consulte el diccionario).

índice

CURSO INTENSIVO DE ESPAÑOL

Gramática (Fernández, Fente, Siles). Madrid, 1990. (Nueva edición) 272 páginas.

EJERCICIOS PRÁCTICOS

Niveles de **iniciación** y elemental (Fernández, Fente, Siles). Madrid, 1990. (Edición renovada) 264 páginas.

Clave y guía didáctica.

Niveles elemental e **intermedio** (Fernández, Fente, Siles). Madrid, 1990. (Edición renovada) 256 páginas.

Clave y guía didáctica.

Niveles intermedio y **superior** (Fernández, Fente, Siles). Madrid, 1990. (Edición renovada) 288 páginas.

Clave y guía didáctica.